JN122725

チャイルド社では、子育ての悩みごとにお答えする
Q＆Aシリーズを刊行しました。

さて、イソップ童話に、
「北風と太陽」というお話があります。

あるとき、北風と太陽が、旅人のマントを
どちらが早く脱がせることができるか力比べをします。
北風は、力いっぱいに強い風を吹きつけますが、
旅人は自分の身を守るために更に身をかがめ、
必死になって抵抗しました。
一方、太陽が旅人をゆっくりあたたかく照らすと、
旅人は自分から気持ちよくマントを脱いだ、
というお話です。

このお話に、子育てに大切な「幹」が感じられます。

厳しい行動や冷たい言葉、力づくで手っ取り早く
人や物事を動かそうとすると、かえって人はかたくなになる。
それよりも、あたたかくやさしい言葉をかけたり、
安心する状況をつくることで、
人は自分から行動するようになるというものです。

子育ては決して、むずかしくありません。
私たちのこころのなかに、子どもに寄り添う
あたたかな気持ちさえあれば、小さな芽は自分の力でやさしく、
強く育っていきます。

保護者のみなさまのお力になれれば幸せです。

株式会社チャイルド社　出版・セミナー部

CONTENTS

PART 1

ママ同士の関係・園との関係・父親と子どもの関係・夫婦関係の悩み・祖父母とのつきあい

INDEX

PART 2

祖父母とのつきあい・近所づきあい・きょうだい関係・その他

子育て基礎知識

子どもを通した人間関係

子どもが絡むと、人間関係はより複雑に。それぞれの悩みに応えます。

子育てをしていると、
いろいろな人とのつきあいが
広がっていきますね。
子どもが絡んでの人間関係に
むずかしさを感じている人は
多いでしょう。

どうしたら、よりよい人間関係を築き、
広げていくことができるのでしょうか。

それぞれの悩みにこたえながら、
コミュニケーションの基本や
人間関係が楽になる
考え方のコツをお伝えします。

演技が大事 !?

自分も相手も大事にしながら、
言いたいことを伝えるコツ

相手の言動に不満を抱えながらも、人間関係を壊したくないからと黙っている…。
でも、無理ながまんは、自分にとっても相手にとっても、誠実ではありません。
自分も相手も大事にしながら言いたいことを伝えることが、結果的に、よりよい
人間関係を築きます。

1 いま、自分がどんな気持ちなのかを把握する

感情的な言葉を口に出してしまうと、言いたいことが
正確に伝わりにくくなります。まずは自分が何をどの
ように考え、感じているか、自己分析してみます。気
持ちをノートなどに書き出してもよいでしょう。

2 相手が理解できる言葉を選ぶ

相手の年齢や立場などを考慮しながら、理解できる
言葉を選びます。また、できるだけ具体的に伝え、
曖昧な表現は避けます。

3 「私」を主語にする

「私はこう思う」などと、私に視点をおいて伝えます。
これを「アイ・メッセージ」と言い、命令や指示な
ど相手に視点をおいた「ユー・メッセージ」より受
け入れてもらいやすくなります。

2 事実と要望をシンプルに伝える

相手の言動によって生じる結果を事実として提示し
たうえで、「だから、こうしてほしい」とシンプルに
要望を伝えます。

相手の気持ちを理解し、受け止めるコツ

同じ年齢、同じ環境で過ごした学生時代の仲間とのつきあいとは違い、大人になってからは、年齢や価値観が大きく違う人ともつきあっていかなければなりません。相手の気持ちを理解するためにはいくつかのコツがあります。

1 相手に関心をもつ

相手の表情やしぐさ、声の調子などをよく観察し、その人がどういう人なのか、いま何を感じているのか思いをはせながら聞きます。

2 相手の話をしっかり「聴いている」という態度を見せる

相手が話を聴いてもらえていると感じることが大切です。そのための聴き方として、あいづちを打ちながら聴く、相手の言葉をくり返しながら聴く、話をまとめて短く返す、相手の心情を思いやる一言を添える、などのポイントがあります。

3 まずは否定せず、受け止める

相手の話が自分の思いと異なる場合でも、まずは頭ごなしに否定せず、「あなたはそう思っているんですね」と受け止めます。

相手のこころに寄り添う カウンセリングマインド

相手の抱える問題や悩みの相談にのり、援助する場合の心構えや態度のことを「カウンセリングマインド」と言います。

子どもはもちろん、夫婦や家族、友だちなど大切にしたい人間関係には、カウンセリングマインドの基本を意識して対応に努めるとよいでしょう。

一人ひとりを
大切にする
こころ

他人の痛みを
感じるこころ

待つこころ

向き合う
こころ

円滑な人間関係のために
意識したい 11 のこころ

思いやる
こころ

学ぶこころ

可能性を
開くこころ

やわらかい
こころ

学び続ける
こころ

共に
生きようと
するこころ

葛藤を生きる
こころ

① ママ友は必要?

ママ友がいません。わずらわしいことがなくて楽な反面、「気軽に話し合える友だちがいたら」とさみしく思うこともあります。つくるよう努力する必要はありますか。

A 無理につくる必要はなし。
自然体で気軽に話し合える
友だちはママ友以外でも

自分の気持ちを吐き出せる相手がいると、気持ちが楽になり、支えにもなります。子育ての相談などができれば、とても心強いですね。しかし、そういう相手は「努力して」できるわけではなく、かかわっていくうちに自然と関係ができていくものです。無理にママ友をつくろうとがんばる必要はありません。

「気軽に話し合える友だち」は、ママ友でなければいけないわけではないく、学生時代の友だちや昔から親しい人とのおつきあいで満足できているのであれば、それもよいのではないでしょうか。

ママ友との関係

**ママ友が
いる場合の
メリット**

・子育ての悩みが相談できる
・子育て情報が得られる
・子どもに友だちができ、
一緒に遊べる

**ママ友が
いない場合の
メリット**

・自分のペースで過ごせる
・人間関係に
振りまわされずにすむ
・親子の時間を大切にできる

2

ママ友グループから孤立

ママ友グループから外されてしまいました。理由はわかりません。互いの家を行き来しての親子遊びにも誘われなくなり、私も辛いし、子どももさみしそうです。

A 思いきって理由を聞いて納得できなければ、
そのグループとの関係は断ち切る

　理由がわからないことでこころを痛め続けるのはつらいですね。思い切って理由を聞いてみるのはいかがでしょう。もしかしたら自分の知らない間に気にさわることを言ってしまったのかもしれませんし、相手の勘違いということもあります。

　理由を言ってくれない、あるいは理由に納得できないのであれば、そのグループとの関係は断ち切りましょう。ママ友はあくまでもママ友。子どもの成長とともに、かかわりがなくなる人がほとんどです。自分も子どもも心地よく過ごせる仲間を探しましょう。

基礎知識

ママ友とうまくつき合う方法

・競争心をあおる言葉や内容は避ける
・適度な距離感を大切にする
・人にはいろいろな気分があることを理解し、態度の変化を深く追求しない

子どものけんかへの対応に悩む

Ａちゃんとうちの娘がごっこ遊びの役をめぐってけんかをし、結果的に娘がＡちゃんを泣かせてしまったと本人から聞きました。私は「子ども同士で解決すべきこと」ととくに娘に注意はしませんでしたが、Ａちゃんのママは園に文句を言ったようです。園から私へ話はないのですが、気持ちがすっきりしません。

世間にはいろいろな考えの人がいる。謝罪の言葉をきっかけに自分の考えを伝えてみては

世間にはいろいろな考えの人がいるので、自分が正しいと思うことが通じないこともあります。園から話がないのであれば、保育者も「子ども同士のけんかに親が入る必要はない」ととらえたのでしょう。でも、Ａちゃんのママはそうは思わなかったということですね。

Ａちゃんのママとの関係をすっきりさせたいのであれば、「娘がＡちゃんを泣かせてしまったみたいでごめんなさい」などの謝罪の言葉をきっかけに、「子ども同士で解決したほうがよいと思って何も言わなかった」とあなたの考えを伝えてみてはいかがでしょうか。

相手に思いを伝えるときのコツ

よい聞き手となる

相手にわかる言葉で話す

結論を先に話す

相手の反応を見ながら、言い方を考える

ママ同士の関係

Q4

保護者会に行きたくない

PART
1

昔から人見知りで、友だちづくりが苦手です。子どもの入園をきっかけにママ友ができればと思いましたが、2年保育で入ったところ、3年保育のときからの輪ができていて、仲間に入れませんでした。話す相手がいないので、保護者会に行くのが苦痛です。

A 無理する必要はないが、ふとしたきっかけが出会いにつながることもある

保護者会は園での子どもの様子や園からの要望等を聞くための場なので、無理をする必要はありませんが、できれば参加したほうがよいでしょう。「ママ友ができれば」という思いがあるのなら、なおさらです。

すでに輪ができているように見えても、同じような気持ちの保護者もいるのではないでしょうか。一人でいる保護者を見つけて話しかけてみてはどうでしょう。ふとしたきっかけで、友だちができるかもしれませんよ。

基礎知識

初めての相手に話しかけるときのコツ

・自分の子どもについての悩みなどを話す
・ちょっとした弱みを見せると、相手もこころを開きやすい

> 夜、なかなか寝てくれないので困っているんです

> あら、うちの子もなのよ

・子育てについての簡単な質問をする
・相手が答えやすいテーマであれば、会話が広がりやすい

> どこかよいスイミングスクールを知っていますか？

> うちの娘が通っている〇〇スイミング、いいですよ…

5

園の対応に不満

4歳の息子が同じクラスのAくんにいじめられています。担任に相談しましたが、改善しません。その子のお母さんに知らせていないのも不満です。

 もう一度担任に相談を。
解決しなければ園長や主任にも協力を求めて

もう一度担任に時間をとってもらい、園での様子を聞いてみましょう。本当にいじめられているのか、どのようないじめなのか、子どもやAくんの園での姿などをしっかり聞き取り、園での対策や家庭でできることなどを話し合います。もしかしたら、いじめられていること自体が子どもの思い込みで、実際とは違う部分が多い可能性もあります。

本当にいじめが存在する場合、担任にまかせても改善しなければ、主任や園長などにも相談してみましょう。新しい視点からの解決策がみつけられるかもしれません。

 基礎知識

園の先生に相談を持ちかけるときのコツ

送迎時などを利用して直接、率直に相談する

時間に余裕がないときは、あらためて時間をとってもらう

連絡帳などで相談する

できれば後日、時間をとってもらい、できるだけ直接、会って話すようにする

進級で担任が変わったら
登園をいやがるように

年中組への進級にともない、担任も変わりました。穏やかでよい先生だと思うのですが、娘は前の担任を恋しがり、登園をしぶるようになりました。誰に相談すればよいのでしょうか。

A 担任の問題以外の
不安やストレスが隠れていることも。
担任のほか園長や主任にも相談して

　1年間一緒に過ごした前年度の担任を恋しがる子どもは多いものです。しかし、子どもは次第に順応していきます。あまり心配せずに見守るとともに、まずはいまの担任に園での様子を聞いてみましょう。担任が合う、合わないということではなく、進級にともなう不安やクラスの友だちが変わったことでのストレスを感じている場合もあるからです。

　担任の問題については、園長や主任、前年度の担任に相談してみます。しばらくは前年度の担任のクラスに遊びに行って気持ちを落ち着かせるなどの対策をとってくれるかもしれません。

4月の子どものこころとからだ

進級したことへの
期待が強く、
気持ちが
高揚しやすい

期待とともに
不安も強く、
失敗を恐れる

気持ちが
落ち着かないので、
けがなどを
しやすい

園で
気を張っている
ストレスから、
家庭では甘えが強く
出ることもある

⇒家庭ではスキンシップを多めにして対処を

父親と子どもの関係

父親になつかない

父親は仕事が忙しく、平日は3歳の娘と顔を合わせることがありません。そのためか、たまの休日に父親が娘と遊ぼうとしても、娘はいやがって私にべったり。何とかなつかせたいのですが。

A 父親とふれあう機会をつくるとともに
ふだんから子どもに父親の話をし
信頼感を育てる

ふだん接する時間が長い母親になつくのはあたり前です。毎日少しずつでも父親とふれあう時間をつくり、子どもとの距離をコツコツと縮めていきましょう。朝、顔を合わせて「おはよう」と声をかけるだけでも父親を意識するようになり、関係がよくなっていきます。

同時に、父親がいない時間には、父親の写真を見せながら「お父さんは家族のために仕事をがんばってくれているんだよ」「お父さんは○○ちゃんのことが大好きなんだよ」などと話すようにしましょう。

父親の愚痴を言わないように心がけることも大切です。父親と母親が仲よくスキンシップをとっている姿を見せることでも、子どもの父親への信頼感が育っていきます。

 基礎知識

父親と子どもとのふれあい方　女の子編

1st ステップ	2nd ステップ
はじめは入り込み過ぎず、少しずつ声をかけ、子どもの好きな遊びを一緒にやってみる	少し距離が縮まってきたら、父親ならではの、スキンシップがはかれる遊びを楽しむ

- ままごとの相手をする
- 一緒にお絵かきをする
- 一緒にぬり絵をする
 など

- 肩車をする
- 子どもを背中に乗せて歩く(お馬さん)
　　　　　　　　　　　　　　 など

父親と子どもの関係

8

子どもと遊べない父親

息子は３歳ですが、父親が息子にかかわろうとしません。どう接していいかわからない様子です。母親としてできることを教えてください。

A **３人一緒に遊びながら
かかわり方を伝えて。
短い時間から２人の時間もつくってみる**

　まずは３人で一緒に遊びながら、母親がどう子どもと接しているかを見てもらいましょう。そして、父親にも実践してもらい、少しずつかかわり方を覚えてもらいます。

　また、ふだんから子どもの１日の様子を話したり、子どもが好きな遊びや玩具、絵本などを知らせておくことも大切です。

　そのうえで、短い時間から父親と子どもが２人で一緒に過ごす時間をつくっていくとよいでしょう。

父親と子どものふれあい方　　男の子編

1st ステップ
はじめは入り込み過ぎず、少しずつ声をかけ、子どもがやっている遊びや好きな遊びを一緒にやってみる

↓

・ブロックで大作をつくる
・車や電車のおもちゃで一緒に遊ぶ
・パズルをする

など

2nd ステップ
少し距離が縮まってきたら、外で一緒に体を動かす遊びを楽しむ

↓

・ボールで遊ぶ
・乗りもので遊ぶ（乗り方を教える）

など

Q9

夫婦で教育方針が合わない

子どもはのびのび育てたい派の私と、きちんとしつけたい派の夫。食事の時間なども私は楽しく食べたいのに、夫は箸の上げおろしまでうるさく指導します。子どももどちらに合わせてよいか戸惑っているようです。

A 教育方針の違いはあってあたり前。よく話し合いながら新しい教育方針をつくって

　夫婦とはいえ、互いに育ってきた環境が違うので、教育方針などが合わないことはあたり前です。「どちらかが正解」ということはありません。相談者のケースでいえば、「楽しく食べるのも大切」だし「ルールを守って食べるのも大切」です。

　そこで、自分の考えを押しつけ合うのではなく、相手の考えも受け入れながら夫婦でよく話し合いましょう。そして、子どもにとって最善の教育方針をつくりあげていきましょう。

保護者が支出した1年間・子ども1人あたりの学習費総額

保護者が子どもの学校教育及び学校外活動のために支出した経費の総額。

公立幼稚園	23万4千円
私立幼稚園	48万2千円
公立小学校	32万2千円
私立小学校	152万8千円
公立中学校	47万9千円
私立中学校	132万7千円
公立高等学校（全日制）	45万1千円
私立高等学校（全日制）	104万円

出典：「平成28年度子供の学習費調査の結果について」
　　　文部科学省

10

子どもの前で夫婦げんかをしてしまう

短気で怒りっぽい夫。ちょっとしたことですぐに声を荒げます。私も負けず嫌いなので応戦してしまい、子どもの前で怒鳴り合うこともしばしばです。いけないとわかっているのですが…。

 いけないとわかっているなら大丈夫。
夫婦で反省し、話し合って
子どもに仲直りする姿を見せて

　子どもにとっては両親が仲よしであることが何よりです。子どもの前で怒鳴り合うほどのけんかをすることは、決してほめられることではありません。

　でも、それがいけないとわかっているのなら大丈夫。なぜなら反省ができるからです。子どものためにも2人でよく話し合い、どのようにすれば怒鳴り合いをせずにすむか考えてみましょう。

　それでも夫婦げんかをしてしまったときは、間違ったと思ったら謝り、仲直りをする姿を見せましょう。子どもは親の姿をよく見ています。

 基礎知識

「いい夫婦」とは？

独身男女900名に聞いた「いい夫婦」に関する意識調査の結果。

いい夫婦とはどんな夫婦だと思いますか？

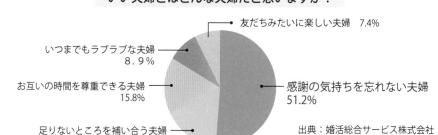

友だちみたいに楽しい夫婦　7.4%
いつまでもラブラブな夫婦　8.9%
お互いの時間を尊重できる夫婦　15.8%
足りないところを補い合う夫婦　16.8%
感謝の気持ちを忘れない夫婦　51.2%

出典：婚活総合サービス株式会社
ＩＢＪアンケート調査

夫婦関係の悩み

Q11

離婚を考えている

性格の不一致で離婚を考えています。夫婦仲はすでに修復不可能ですが、子どものためには別れないほうがよいのか、不仲な両親のもとで育つよりは別れたほうがよいのか、なかなか決心できません。

修復不可能であれば
決断は先延ばしせず前向きに決断を

　離婚は自分の人生はもとより、子どもの人生にもかかわる大事なこと。答えは簡単には出せなくて当然です。ただ、決断を先延ばしにした状態が続くよりも、早く決断をし、その決断に自信をもって前向きに進んでいくことで、その「答え」がよりよいものになるはずです。

　いずれにしても一人で悩まず、まわりに助けを求めましょう。そして、今後離婚が成立した場合の環境の変化が子どもにとって少しでも負担の少ないものとなるように考えていきましょう。

離婚件数及び離婚率の年次推移

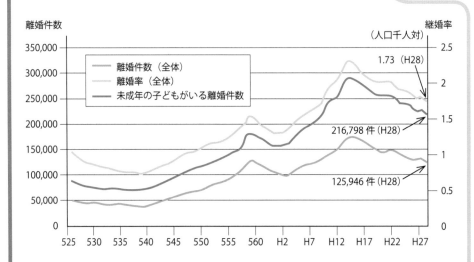

出典：「ひとり親家庭の支援について」厚生労働省子ども家庭局家庭福祉課

祖父母とのつきあい

祖父母が孫に甘すぎる

同居の祖父母が息子に甘く、私が叱っていてもすぐに「そんなに怒ることじゃない」「お母さんは怖いね、こっちにおいで」などと口を出します。最近は息子も、テレビ見放題、お菓子食べ放題の祖父母の部屋に入り浸るようになりました。

 祖父母の存在に感謝しながら
自分たちの教育方針を伝え、理解してもらう

　子どもを大事にしてくれる祖父母がいて、甘えられる場所があるのは子どもにとって幸せなこと。ただ、あまりにも過度な甘えは「甘やかし」になってしまいます。祖父母の存在が子どもにとって大切でありがたい存在であることを伝えながらも、自分たちは子どもをこのように育てたいという教育方針を理解してもらうように伝えましょう。

　一方で、親はしつけのつもりが「言うことをきかせる」という方向へいってしまうこともあります。そんなときに祖父母のやさしさでフォローしてもらうことが、子どものためになる場合もあります。

　祖父母とは、子どもをより健やかに育てる者同士として、よりよいコミュニケーションをとっていきましょう。

親子同居8つの工夫

親世帯と子世帯が快適同居をするための工夫。

・世帯間の独立性を尊重する
・互いに相手の文化を認める
・客が来やすい環境をつくる
・キーパーソンは両世帯の潤滑油になる

・経費の分担は明確にする
・孫の教育は子世帯の責任とする
・行事には積極的に参加する
・親族とのつきあいに配慮する

旭化成ホームズ　二世帯住宅研究所　調査データ

PART
1

ブレイク
タイム

Message

無理せず、心地よい関係を
大切にしましょう

Message
遊ばなきゃ、と気負わず
一緒に楽しんで

どっちが大人？

義両親の口出しが苦痛

「女の子なんだからズボンをはかせるのはやめなさい」「ピアノくらい習わせたら」「小学校は受験をさせなさい」など育児に口を出してくる義両親が苦手です。どう対応したらよいですか。

A 祖父母の意見をよく聞いたうえで
自分たちの気持ちを伝える。
夫の力も借りる

義両親もよかれと思って意見を言ってくるのでしょう。でも、納得がいかないことについては、言う通りにするわけにはいきませんね。

まずは祖父母とよく話し合い、なぜそのように思うのか聞いてみましょう。そして、こちらの生活状況や子どもの意思も尊重したいなど、自分たちの気持ちを伝えるのがよいと思います。自分で言うのがむずかしければ、夫の力を借りましょう。

祖父母（親）に気持ちを伝えるために

自分たちの思いを親（祖父母）に伝えるために、日ごろからおさえておきたいポイント。

感謝の言葉を伝える

「ありがとう」と言われて悪い気がする人はいない。自分のことをいつも尊重してくれる相手だと思えば、話を聞こうという気持ちになる

子ども（孫）のことを思っての意見だと受け止める

祖父母の思いを聞き、その気持ちに感謝をしたうえで、自分たちの思いを伝えるようにする

祖父母とのつきあい
2

義母から「仕事をやめろ」と

産休・育休を取ってずっと仕事を続けてきました。子どもの
ときからなりたかった職業なので、やりがいを感じています。
ところが先日、義母から「子どもがかわいそうだから仕事を
やめてほしい」と言われてしまいました。

A ## 子どもに対する愛情、仕事に対する思いを
素直に伝えてみる

　「保育園に預けるのはかわいそう」と考える年配の方はまだ多いようです。でも、
子どもにとって大切なのは、一緒にいる時間ではなく、一緒にいるときの中身で
す。短い時間でもたくさん愛情をかけていることをしっかり伝え、自分の仕事に
対する思いも話し、義母にもフォローをお願いしてみてはいかがでしょうか。

　いずれにしても誰にどう言われたかではなく、自分の進む道は自分で決めるこ
とが大切です。

親世代からの子育て支援の度合い

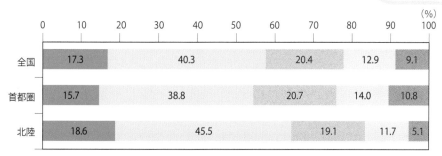

資料：内閣府「都市と地方における子育て環境に関する調査」（2011 年）
（注）　首都圏とは、埼玉県、千葉県、東京都、神奈川県。北陸とは、新潟県、富山県、石川県、福井県

出典：「都市と地方における子育て環境に関する調査」（2011 年）内閣府

祖父母とのつきあい

Q3

子どもを産んでから母のことが嫌いに

「子をもって知る親の恩」と言いますが、私は逆。出産してから実母が嫌いになりました。厳しさも愛情のうちと思ってきましたが、たたいたり外に締め出したりした母の行為を思い出し、「子どもによくあんなことができたものだ」という思いでいっぱいです。母の仕打ちに恨みがつのります。

A 反面教師として自分の子育てに生かしつつ、
実母に当時の思いを聞いてみても

　実母の仕打ちについての思いは、ただの恨みで終わらせず、わが子に対する愛情と自分の子育てを振り返る材料にしていきます。そして、実母には「昔はこんなことがあったよね」などと思い出話をしながら、当時の思いを聞いてみるのもよいでしょう。実母には実母なりの思いがあっての行動だったかもしれません。

　また、いまと昔では子育てに対する考え方は違います。いまはすぐに「虐待」になりますが、昔はそうではありませんでした。実母としても、しつけの一環としてしたことで、あなたのことが嫌いでそうしたわけではないのではとも思います。実母自身がどのように育てられたかを含めて聞くことで、実母の気持ちが理解できるとよいですね。

 基礎知識

「母娘」をテーマにした本

さまざまな母と娘の姿を知ることが、こころの整理につながることも。

`『母性』`
湊かなえ／
新潮社

`『母の遺産`
`新聞小説』`
水村美苗／
中央公論新社

`『東京プリズン』`
赤坂真理／
河出書房新社

`『母の発達』`
笙野頼子／
河出書房新社

`『シズコさん』`
佐野洋子／
新潮社

`『母がしんどい』`
田房永子／
新人物往来社

家に入り浸る近所の親子を断りたい

近所に住むＡちゃん親子が、毎日わが家に遊びに来ます。夕食時になってもなかなか帰ろうとせず困っています。どう断ればいいですか。同じマンション内なので、居留守を使うわけにもいきません。

A 断るときはしっかりと理由を伝える。
○時までと、具体的な時間を示すのもコツ

近所づきあいは、あまりはっきり断っても角が立ちますし、いろいろなしがらみがあって大変ですね。けれど、断る勇気も必要です。適度な距離を保ちつつ、いい関係でいるためにもここはきっぱりと気持ちを伝えましょう！

「遊びに来てくれるのは、子どもも楽しんでいるからありがたい」などと相手を尊重する言葉から入り、「ただ、○時頃からは夕食の準備をしたい」などと自分の家の状況を伝えてみましょう。

 基礎知識

上手に断るコツ

角を立てずに断るにはコツがある。

0か100か
ではなく、
一部分だけ断る

自分の
意思ではなく、
まわりの状況の
せいにする

代案を出す

「今回は、
ごめんなさい」と、
「今回だけ」を強調
しながら断る

子どもの足音に階下からクレーム

5歳と3歳の男の子がいる4人家族。集合住宅の3階に暮らしています。最近、階下の住人から「子どもの足音がうるさい」とクレームが入りました。子ども部屋にマットを敷くなど工夫はしているつもりですが、どのように対応したらよいでしょうか。

 誠心誠意謝罪をし、
コミュニケーションをはかるとともに
家の中では静かに遊べるように工夫する

「子どもなのだから仕方ない」と思いがちですが、みんながそう思えるわけではありません。顔を合わせるたびに「いつもうるさくてすみません」などと謝罪し、お土産やおすそ分けをするなど、コミュニケーションを大切にしていきましょう。

同時に、子どもには「ほかのおうちの人に迷惑だから」と静かに過ごすように言ってきかせます。また、外で思い切り遊ばせるよう心がけ、家の中では静かに遊べるよう親子で考えてみてはいかがでしょうか。

 基礎知識

苦情に対するお詫びのポイント

・お詫びとともに、気づかせてくれた感謝の言葉を伝える
・苦情に対する対策をしていることを伝える
・「何時頃が気になりますか」「どんな音がうるさいですか」など、相手に相談や質問をする

6

きょうだいげんかはどうしたら?

5歳と4歳の兄弟。毎日、とっくみ合いの大げんかになります。叱りますがやめません。お菓子の取り合いやどちらが先におもちゃを使うかなど、理由はいつも些細なことです。

 **きょうだいげんかを通して学ぶことは多い。
基本的には干渉せず、長い目で見守って**

きょうだいげんかは、必ずしも悪いことではありません。きょうだいげんかを経験することで、相手の痛みを知ったり折り合いをつけるタイミングを学ぶなどコミュニケーション力が育ちます。基本的には干渉せず、長い目で見てあげてください。

ただ、相手がけがをしたり、強い言葉で傷ついたりしないよう注意して見守り、危険なときはしっかり止め、してはいけないことだと伝える必要があります。

なお、2人のうちどちらかだけを叱ったり、保護者の判断でけんかを終わらせたりするのはよくありません。双方の言い分を聞きながら、どちらもが自分の思いを伝えられるようサポートしていきましょう。

 基礎知識

きょうだいが仲よくなる親の対応

- おだやかな雰囲気のときに「2人とも大切な子どもだから仲よくしてほしい」と、親の気持ちを伝える
- お菓子は同じものを同じ量だけ与えるなど、平等に扱う
- ふだんから、きょうだいそれぞれのよいところをほめる
- 「お兄ちゃんだから」「弟だから」という理由で、がまんさせたり叱ったりしない

きょうだいを差別してしまう

4歳の娘と1歳の息子の子育て中です。生意気盛りの娘に比べ、息子は何をしてもかわいい。娘は「○○（弟）ばっかりかわいがる」と不満そうですが、どうしても態度に出てしまいます。

 意識して娘との時間をつくり
スキンシップや言葉で
「大好きだよ」と伝える

「差別をしている」と自覚があるのですね。たしかに1歳の子どもと比べると、4歳はとても大きく見えてしまいます。また、同性より異性の子どものほうに甘くなってしまう傾向があります。さらには、血がつながった親子とはいえ、相性もあります。それでも、ここは中立を心がけてください。差別を続けていると子どものこころが傷つき、弟に対してやさしい気持ちがもてなくなってしまいます。将来的に母娘の関係に禍根を残してしまう可能性もないとはいえません。

そこで、ふだんから抱きしめるなどスキンシップをとったり、意識して娘と2人の時間をつくったり、娘のよいところを言葉に出して伝えていきましょう。

「あなたがいちばん大好き」と思い切りかわいがるうち、きっと愛情が伝わり、弟のことも大好きになって、面倒見のよいやさしい子になりますよ。

 基礎知識

きょうだいを差別することの弊害

きょうだいを差別している自覚がないまま差別が続くと、子どものこころは想像以上に傷つき、将来的に弊害がでる可能性が高くなる。

ひいきされた側の子どもは将来、うつになりやすい

可愛がられなかった子どもは将来、非行に走りやすい

きょうだい仲が悪くなりやすい

その他

8

シングルマザー。再婚を悩む

娘が1歳前に夫と死別し、4歳になるいままでシングルマザーとしてがんばってきました。昨年から仕事関係で知り合った人と交際を始め、このほど結婚を申し込まれました。子どものためにも新しい家庭を築きたいのですが。

A 「子どものために」と言い訳せずに
自分が「しあわせになる」と決断を

　交際相手の方が、母であるあなたと子どもに愛情をもって接してくれるのであれば結婚はよいことだと思います。親である前に、あなたも一人の人間です。自分がしあわせになる道をあきらめることはありません。ですが、子どもを引き合い出さないことが大切です。子どもには「自分がしあわせになるためにこの人と結婚する」ということをしっかり伝えることが大事です。子どもに「自分のために」「自分のせいで」と思わせる言い方や態度を示してはいけません。

　ただ、一緒に暮らし始めると当面は、みんなが新しい環境に慣れるまでに時間がかかるでしょう。一緒に生活をする前に子どもと交際相手が少しずつ会う機会を増やし、ゆっくりと慣れていけるようにケアしてあげてください。

離婚をした者の再婚の状況

平成19〜23年に離婚したものが離婚した年次を含む離婚後5年以内に再婚した割合。

夫	妻
30歳代前半までに離婚した者は35%以上、30歳代後半で約30%、40歳代で約20%	20歳代までに離婚した者は30%以上、30歳代前半で約30%、30歳代後半で約20%

夫妻とも30歳代前半までで高い傾向が見られる。

参考：平成28年度　人口動態統計特殊報告「婚姻に関する統計　厚生労働省

約束どおり！

Message

祖父母の気持ちを理解して、まずは感謝を

Message

子どもの気持ちに寄り添いつつ、
見守りましょう

スタッフ

監修　　　柴田豊幸
執筆　　　パピーナ西荻北保育園
漫画　　　小道迷子
イラスト　鈴木穂奈実（チャイルド社）
デザイン　ベラビスタスタジオ
編集協力　こんぺいとぷらねっと

チャイルドＱ＆Ａシリーズ
子育て困った！にお答えします
子どもを通した人間関係

発行日　2019年1月15日　初版
発行人　柴田豊幸
発　行　株式会社チャイルド社
　　　　〒167-0052　東京都杉並区南荻窪4丁目39番11号

ISBN978-4-925258-29-6
©Child 2019 Printed in Japan
本書掲載記事の無断転載、複製、商品化を禁じます．